Erich Kästner
erzählt

Die Schildbürger

Mit Zeichnungen
von Horst Lemke

W0041066

Cecilie Dressler Verlag
Hamburg

© Cecilie Dressler Verlag, Hamburg 1993
Die Erstausgabe erschien 1954
im Atrium Verlag, Zürich
Titelbild und Zeichnungen von Horst Lemke
Einbandgestaltung: Manfred Limmroth
Gesamtherstellung: Clausen & Bosse, Leck
Printed in Germany 1993
ISBN 3-7915-3538-2

INHALT

WAREN DIE SCHILDBÜRGER WIRKLICH SO DUMM, WIE SIE TATEN?

Im Mittelalter, damals, als man das Schieß-pulver noch nicht erfunden hatte, lag mitten in Deutschland eine Stadt, die Schilda hieß, und ihre Einwohner nannte man deshalb die Schildbürger. Das waren merkwürdige Leute. Alles, was sie anpackten, machten sie verkehrt. Und alles, was man ihnen sagte, nahmen sie wörtlich. Wenn zum Beispiel ein Fremder ärgerlich ausrief: »Ihr habt ja ein Brett vorm Kopf!«, griffen sie sich auch schon an die Stirn und wollten das Brett wegnehmen. Und meinte ein anderer ungeduldig: »Bei euch piept es ja!«, so sperrten sie neugierig die Ohren auf, lauschten drei Minuten und antworteten dann gutmütig: »Das muß ein Irrtum sein, lieber Mann. Wir hören nichts piepen.«

So viel Dummheit brachte manchen durch-reisenden Kaufmann der Verzweiflung nahe. Andre wieder lachten sich darüber halbtot. Und mit der Zeit lachte, zu guter Letzt, das ganze Land. Kam jemand von einer längeren Reise zurück, so fragte man ihn auch schon, kaum daß er sich die staubigen Stiefel ausgezogen hatte: »Was gibt's Neues in Schilda? Erzähle!« Und wenn er dann, beim Braunbier, den neuesten Schildbürgerstreich auftischte, hielt sich die vergnügte Runde die Bäuche. »Nein«, riefen sie, »wie kann man nur so dumm sein!«

An dieser Stelle muß ich euch ein Geheimnis anvertrauen. Es heißt: So dumm kann man *nicht* sein! Daraus folgt einwandfrei, daß auch die Schildbürger nicht so dumm waren, sondern daß sie sich nur so dumm *stellten*! Das ist natürlich ein großer Unterschied! Wer nicht weiß, daß zwei mal zwei vier ist, der ist dumm, und ihm ist schwer zu helfen. Wer es aber weiß und trotzdem antwortet, zwei mal zwei sei fünf, der verstellt sich. So ähnlich wie er machten es die Schildbürger.

Und wer unter euch scharf nachdenken kann,
der wird mich etwas ganz Bestimmtes fragen
wollen. Nun? Was wird er fragen wollen?
»Warum stellten sich die Schildbürger eigentlich so dumm? Warum und wozu? Was hatten
sie davon?« Ganz recht. Was hatten sie davon?
Wer läßt sich schon gern vom ganzen Lande
auslachen? Wer ist schon gerne, und noch dazu
freiwillig so dumm wie Bohnenstroh? Außer
den Schildbürgern wüßte ich niemanden. Und
damit ihr sie versteht, muß ich erst einmal erzählen, wie ihre Dummheit zustande kam. Die

Geschichte ist ein bißchen verzwickt. Ich kann's nicht ändern. Paßt also gut und genau auf!

Lange, sehr lange bevor die Schildbürger durch ihre sprichwörtliche Dummheit berühmt wurden, waren sie, im Gegenteil, fleißig, tüchtig, beherzt und aufgeweckt. Ja, sie waren sogar tüchtiger und gescheiter als die meisten anderen Leute. Das sprach sich bald herum. Und wenn man sich anderswo keinen Rat mehr wußte, schickte man einen berittenen Boten nach Schilda, daß er Ratschläge einhole. Am Ende kamen allwöchentlich mindestens zwei Gesandte aus fernen Reichen und Ländern, brachten prächtige Geschenke von Königen, vom Kaiser und vom Sultan und baten, Schilda möge ihnen den einen oder anderen klugen Einwohner als Minister, Bürgermeister oder Oberlandesgerichtsdirektor ausleihen. So gingen immer mehr Schildbürger ins

Ausland, erwarben sich draußen Rang, Ehren und Orden und sandten regelmäßig Geld nach Hause.

Ruhm, Geld und Titel sind ganz gut und ganz schön. Aber in Schilda selber ging es mittlerweile drunter und drüber. Da die Männer nicht daheim waren, mußten, statt ihrer, die Frauen pflügen, säen und ernten. Die Frauen mußten die Pferde beschlagen und das Vieh schlachten. Die Frauen mußten die Kinder unterrichten, die Steuern einkassieren, die Ernte verkaufen, den Marktplatz pflastern, die Zähne ziehen, das Korn mahlen, die Schuhe besohlen, die Semmeln backen, die Bäume fällen, die Predigten halten, die Scheunen ausbessern, die Diebe einsperren, die Glocken läuten, die Bretter hobeln, den Wein keltern, die Brunnen graben, die Wiesen mähen, die Dächer decken und abends im Wirtshaus »Zum Roten Ochsen« sitzen. Das war zuviel!

Das Vieh verkam. Die Ernte verfaulte. Es reg-
nete durch die Dächer. Auf dem Marktplatz
wuchsen Brennesseln. Die Uhr am Kirchturm
ging vier Stunden nach. Die Kinder wurden
frech und blieben dumm. Und die armen
Frauen wurden vor lauter Sorgen, Mühen und
Tränen häßlich und vor der Zeit krumm und
alt. Da schrieben sie ihren Männern einen wü-

tenden Brief, worin zu lesen stand, warum und wieso sie nicht länger ein noch aus wüßten, und die Männer sollten sich schleunigst heimscheren!

Da kriegten die Männer einen Heidenschreck, verabschiedeten sich hastig von ihren tiefbetrübten Königen und Kurfürsten und vom Sultan und fuhren, aus allen Himmelsrichtungen, mit der Extrapost nach Hause zurück.

Hier schlugen sie erst einmal die Hände überm Kopf zusammen. Sie kannten ihr Schilda gar nicht wieder. Die Fensterscheiben waren zersprungen. Im Hausflur wuchs Moos. Die Wagenräder quietschten. Die Kinder streckten die Zunge heraus. Und der Wind wehte die Ziegel vom Dach. »Das habt ihr von eurer Gescheitheit!« sagten die Frauen ärgerlich. Und die Männer gingen, ohne ein Wort zu sagen, ins Bett.

Ein paar Tage später trafen sie sich im »Roten Ochsen«, tranken Bier, klagten einander ihr Leid und kratzten sich hinter den Ohren. Draußen vorm Gasthof standen schon wieder fünf

Gesandte aus fremden Ländern und baten um Gehör. »Schickt sie weg!« sagte der Ochsenwirt. »Diesmal können wir unsern guten Rat selber brauchen. Das Hemd ist auch uns näher als der Rock.« Dann steckte er den Kopf durchs Fenster und rief: »Wir haben leider alle den Keuchhusten!« Da kletterten die fünf Gesandten auf ihre fünf Pferde und machten sich aus dem Staube. Denn Keuchhusten ist, wie jedes Kind weiß, ansteckend. So hatten die Schildbürger ihre Ruhe, bestellten die nächste Runde Bier, bliesen den Schaum vom Glas und dachten angestrengt nach.

Beim sechsten Glas wischte sich der Schweinehirt den Schnurrbart und sagte: »Ich hab's!« Er war lange Zeit Stadtbaumeister in Pisa gewesen, hatte dort den bekannten Schiefen Turm erbaut und galt auch sonst für sehr tüchtig. »Ich hab's!« sagte er noch einmal. »Die Klugheit war an allem schuld. Und nur die

Dummheit kann uns retten.« Weil sie ihn zweifelnd anschauten, fuhr er fort: »Uns bleibt kein andrer Ausweg. Wir müssen uns dummstellen. Sonst lassen uns die Könige, der Kaiser und der Sultan nicht in Ruhe.« »Aber wie stellt man sich dumm?« fragte der Grobschmied. »Es wird nicht ganz leicht sein«, antwortete der Schweinehirt. »Dumm zu scheinen, ohne dumm zu sein, verlangt viel Scharfsinn. Nun, wir sind gescheite Leute, und so werden wir's schon schaffen.« »Bravo!« rief der Schneidermeister. »Dummsein ist mal was andres!« Und auch den übrigen gefiel der Vorschlag des Schweinehirten ausgezeichnet. Die nächsten zwei Monate übten sie das Sichdummstellen ganz im geheimen. Dann erst traten sie mit ihrem ersten Streich ans Licht der Öffentlichkeit: mit dem Bau ihres neuen dreieckigen Rathauses. Das machte ihnen einen diebischen Spaß. Nur der Schulmeister hatte Bedenken.

»Denn«, sagte er, »wer sich gescheit stellt, wird davon noch lange nicht richtig gescheit. Wer sich aber lange genug dummstellt, der wird, fürchte ich, eines Tages wirklich dumm.« Als ihn die anderen auslachten, rief er ärgerlich: »Da habt ihr's! Es fängt schon an!« »Was fängt schon an?« fragte der Hufschmied neugierig. »Eure Dummheit!« rief der Schulmeister. Da lachten sie ihn aus.

DIE SCHILDBÜRGER
BAUEN EIN RATHAUS

Der Plan, das neue Rathaus nicht viereckig, sondern dreieckig zu bauen, stammte vom Schweinehirten. Er hatte, wie schon gesagt, den schiefen Turm von Pisa erbaut, der mittlerweile eine Sehenswürdigkeit geworden war, und erklärte stolz: »Ein dreieckiges Rat-

haus ist noch viel sehenswerter als ein schiefer Turm. Deshalb wird Schilda noch viel berühmter werden als Pisa!« Die andern hörten das mit großem Behagen. Denn auch die Dummen werden gern berühmt. Das war im Mittelalter nicht anders als heute.

So gingen also die Schildbürger schon am nächsten Tag morgens um sieben an die Arbeit. Und sechs Wochen später hatten sie die drei Mauern aufgebaut. In der dem Marktplatz zugekehrten Breitseite war ein großes Tor ausgespart worden. Und es fehlte nur noch das Dach. Nun, auch das Dach kam bald zustande, und am Sonntag darauf fand die feierliche Einweihung des neuen Rathauses statt.

Sämtliche Einwohner erschienen in ihren Sonntagskleidern und begaben sich, mit dem Schweinehirten an der Spitze, in das weißgekalkte, dreieckige Gebäude. Doch sie waren noch nicht an der Treppe, da purzelten sie auch schon durcheinander, stolperten über fremde Füße, traten irgendwem auf die Hand, stießen mit den Köpfen zusammen und schimpften wie die Rohrspatzen. Die drin waren, wollten wieder heraus. Die draußen standen, wollten unbedingt hinein. Es gab ein fürchterliches Gedränge! Endlich landeten sie alle, wenn auch zerschunden und mit Beulen und blauen Flekken, wieder im Freien, blickten einander ratlos an und fragten aufgeregt: »Was war denn eigentlich los?« Da kratzte sich der Schuster hinter den Ohren und sagte: »In unserm Rathaus ist es finster!« — »Stimmt!« riefen die andern. Als aber der Bäcker fragte: »Und woran liegt das?«, wußten sie lange keine Antwort. Bis der Schneider schüchtern sagte: »Ich glaube, ich hab's.« — »Nun?« — »In unserm neuen Rathaus«, fuhr der Schneider bedächtig fort, »ist kein Licht!« Da sperrten sie Mund und Nase auf und nickten zwanzigmal. Der Schneider hatte recht. Im Rathaus war es finster, weil kein Licht drin war!

Am Abend trafen sie sich beim Ochsenwirt, tranken ein Bier und beratschlagten, wie man Licht ins Rathaus hineinschaffen könne. Es wurden eine ganze Reihe Vorschläge gemacht. Doch sie gefielen ihnen nicht besonders. Erst nach dem fünften Glas Braunbier fiel dem Hufschmied das Richtige ein. »Das Licht ist ein Element wie Wasser«, sagte er nachdenklich. »Und da man das Wasser in Eimern ins Haus trägt, sollten wir's mit dem Licht genauso machen!«

»Hurra!« riefen sie alle. »Das ist die Lösung!«

Am nächsten Tag hättet ihr auf dem Marktplatz sein müssen! Das heißt, ihr hättet gar keinen Platz gefunden. Überall standen Schildbürger mit Schaufeln, Spaten, Besen und Mistgabeln und schaufelten den Sonnenschein in

Eimer und Kessel, Kannen, Töpfe, Fässer und Waschkörbe. Andre hielten große, leere Kartoffelsäcke ins Sonnenlicht, banden dann die Säcke geschwind mit Stricken zu und schleppten sie ins Rathaus. Dort banden sie die Säcke auf, schütteten das Licht ins Dunkel und rannten wieder auf den Markt hinaus, wo sie die leeren Säcke von neuem aufhielten und die Eimer und Fässer und Körbe wieder vollschaufelten. Ein besonders Schlauer hatte eine Mausefalle aufgestellt und fing das Licht in der Falle. So trieben sie es bis zum Sonnenuntergang. Dann wischten sie sich den Schweiß von der Stirn und traten gespannt durch das Rathaustor. Sie hielten den Atem an. Sie sperrten die Augen auf. Aber im Rathaus war es noch genau so dunkel wie am Tag zuvor. Da ließen sie die Köpfe hängen und stolperten wieder ins Freie. Wie sie so auf dem Markt herumstanden, kam ein Landstreicher des Wegs und fragte, wo

es denn fehle. Sie erzählten ihm ihr Mißgeschick und daß sie nicht ein noch aus wüßten. Er merkte, daß es mit ihrer Gescheitheit nicht weit her sein konnte, und sagte: »Kein Wunder, daß es in eurem Rathaus finster ist! Ihr müßt das Dach abdecken!« Sie waren sehr verblüfft. Und der Schweinehirt meinte: »Wenn dein Rat gut sein sollte, darfst du bei uns in Schilda bleiben, solange du willst.« »Jawohl«, fügte der Ochsenwirt hinzu, »und essen und trinken darfst du bei mir umsonst!« Da rieb sich der Landstreicher die Hände, ging ins Wirtshaus und bestellte eine Kalbshaxe mit Kartoffelsalat und eine Kanne Bier. Tags darauf deckten die Schildbürger das Rathausdach ab, und o Wunder! mit einem Male war's im Rathaus sonnenhell! Jetzt konnten sie endlich ihre Ratssitzungen abhalten, Schreibarbeiten erledigen, Gemeindewiesen verpachten, Steuern einkassieren und alles übrige besorgen, was während der Finsternis im Rathaus liegengeblieben war. Da es damals Sommer war und ein trockner Sommer obendrein, störte es nicht weiter, daß sie kein Dach überm Kopf hatten. Und der Landstreicher lebte auf ihre Kosten im Gasthaus, tafelte mittags und abends, was das Zeug hielt, und kriegte einen Bauch.

Das ging lange Zeit gut. Bis im Herbst graue Wolken am Himmel heraufzogen und ein Platzregen einsetzte. Es hagelte sogar. Und die Schildbürger, die gerade in ihrem Rathaus ohne Dach saßen, wurden bis auf die Haut naß. Dem Hufschmied sauste ein Hagelkorn, groß wie ein Taubenei, aufs Nasenbein. Der Sturm riß fast allen die Hüte vom Kopf. Und sie rannten durchnäßt nach Hause, legten sich ins Bett, tranken heißen Fliedertee und niesten wie die Schöpse.

Als sie am nächsten Morgen mit warmen Tüchern um den Hals und mit roten, geschwolle-

nen Nasen zum Ochsenwirt kamen, um den
Landstreicher zu fragen, was sie nun tun sollten, war er verschwunden. Da sie nun niemanden hatten, der ihnen hätte helfen können, versuchten sie es noch ein paar Wochen mit dem
Rathaus ohne Dach. Als es dann aber gar zu
schneien begann und sie wie die Schneemänner
am Ratstisch hockten, meinte der Schweine-

hirt: »Liebe Mitschildbürger, so geht es nicht weiter. Ich beantrage, daß wir, mindestens für die nasse Jahreszeit, das Dach wieder in Ordnung bringen.« Sein Antrag wurde von allen, die sich erkältet hatten, angenommen. Es waren die meisten. Und so deckten sie den Dachstuhl, wie vorher, mit Ziegeln.

Nun war's im Rathaus freilich wieder stockfinster. Doch diesmal wußten sich die Schildbürger zu helfen. Jeder steckte sich einen brennenden Holzspan an den Hut. Und wenn er auch nicht sehr hell war, so konnten sie einander doch wenigstens ungefähr erkennen. Leider begannen die Späne nach einer Viertelstunde zu flackern. Nach einer halben Stunde roch es nach angebrannten Hüten. Und schon saßen die Männer, wie vor Monaten, im Dunkeln. Es war ganz still geworden. Sie schwiegen vor lauter Erbitterung. Plötzlich rief der Schuster aufgeregt: »Da! Ein Lichtstrahl!« Tatsächlich!

Die Mauer hatte einen Riß bekommen, und durch ihn hindurch tanzte ein Streifen Sonnenlicht! Wie gebannt starrten sie auf den goldenen Gruß von draußen. »O wir Esel!« brüllte da der Schweinehirt. »Wir haben ja die Fenster vergessen!« Dabei sprang er auf, fiel im Dunkeln über die Beine des Schmieds und schlug sich an der Tischkante drei Zähne aus.

So war es. Sie hatten tatsächlich die Fenster vergessen! Sie stürzten nach Hause, holten Spitzhacken, Winkelmaß und Wasserwaage, und noch am Abend waren die ersten Fenster fix und fertig. So wurden die Schildbürger zwar nicht wegen ihres dreieckigen Rathauses, sondern vielmehr durch die vergessenen Fenster berühmt. Es dauerte nicht lange, so kamen auch schon die ersten Reisenden nach Schilda, bestaunten die Einwohner, übernachteten und ließen überhaupt ein gutes Stück Geld in der Stadt. »Seht ihr«, sagte der Ochsenwirt zu seinen Freunden, »als wir gescheit waren, mußten wir das Geld in der Fremde verdienen. Jetzt, da wir dumm geworden sind, bringt man's uns ins Haus!«

DER VERSALZENE
GEMEINDEACKER

Eines schönen Tages wurde in Schilda das Salz knapp. Und die Händler, die durchs Land zogen, hatten keines zu verkaufen. In Salzburg sei Krieg, erzählten sie. Und in Salzbrunn und in Salzwedel auch. Und man müsse warten, bis der Krieg vorüber sei. Das mißfiel den Schildbürgern. Denn Butterbrot ohne Salz, Kartoffeln ohne Salz und Suppen ohne Salz schmeckten ihnen und ihren Kindern ganz und gar nicht. Deshalb beratschlagten sie, was geschehen solle. Und weil ihr Rathaus nun helle Fenster hatte, fiel ihnen auch gleich etwas Pfiffiges ein. Da der Zucker auf Feldern wachse, meinte einer, sei es wohl mit dem Salz nicht anders. Man brauche deshalb auf dem Gemeindeacker, der noch brach liege, nur Salz auszusäen – alles andre werde sich dann schon finden.

So geschah's. Sie streuten die Hälfte ihres Salzvorrats auf den Acker, stellten Wachposten mit langen Blasrohren an den Rändern des Feldes auf, für den Fall, daß die Vögel das Salz würden stehlen wollen, und warteten ab. Schon nach ein paar Wochen grünte der Acker, daß es eine Lust war. Das Salzkraut schoß nur so in die Höhe. Die Feldhüter saßen mit ihren Blasrohren auf der Lauer. Aber die Vögel blieben zum Glück aus. Und die Schildbürger rechneten schon nach, wieviel Salz sie ernten würden. Hundert Zentner, meinten sie, könnten sie vermutlich sogar exportieren. Doch da kamen die Kühe und Ziegen aus dem Nachbardorf! Die Kühe und Ziegen kamen also und trampelten in dem herrlich wachsenden Salzkraut herum. Die Feldhüter schossen mit ihren Blasrohren, was das Zeug hielt. Doch das Vieh machte sich nichts draus. Die Schildbürger wußten sich wieder einmal keinen Rat. Bis der Hufschmied eine Haselnußgerte von einem Strauche losriß und aufs Feld stürzen wollte, um die Tiere zu verjagen. »Bist du toll?« schrie der Bäcker. »Willst

auch du noch unser Kraut niedertrampeln?«
Und sie stürzten sich auf den Schmied und hielten ihn fest. Da rief er: »Wie sonst soll ich denn
das Vieh vertreiben, wenn ich nicht ins Feld lau-
fen darf?« »Ich weiß einen Ausweg«, sagte der
Schulmeister: »Du setzt dich auf ein Brett. Vier
von uns heben dich mit dem Brett hoch. Und

dann tragen sie dich ins Feld. Auf diese Weise wirst du kein einziges Hälmchen zertreten.« Alle waren von dem Vorschlag begeistert. Man trug, zu viert, den Schmied mit seiner Gerte über den Acker, und er verjagte das fremde Vieh, ohne dem Salzkraut auch nur ein Haar zu krümmen!

Eine Woche später gerieten ein paar Kinder, obwohl es ihnen streng verboten war, beim Spielen ins Salzkraut hinein. Sie waren barfuß und sprangen, kaum daß sie drin waren, schreiend wieder heraus und rannten wie der Wind nach Hause. »Es beißt schon!« riefen sie aufgeregt und zeigten den Eltern ihre Füße und Waden. Überall hatten sie rote Flecken, und es brannte fürchterlich. »Das Salz ist reif!« rief der Schweinehirt. »Auf zur Ernte!«

Die Schildbürger ließen ihre Arbeit stehen und liegen, spannten die Pferde und Ochsen vor die Erntewagen und fuhren, mit Sicheln, Sensen

und Dreschflegeln, zum Gemeindeacker. Das Salzkraut biß ihnen in die Beine, daß sie wie die Lämmer herumhüpften. Es zerkratzte ihnen die bloßen Arme. Sie bekamen rotgeschwollene Hände. Tränen traten ihnen in die Augen und

44

rollten ihnen über die Backen. Und es dauerte gar nicht lange, so warfen sie die Sensen und Sicheln weg, sprangen weinend aus dem Acker, fuchtelten mit den brennenden Armen, Händen und Beinen im Wind und fuhren zur Stadt zurück. »Nun?« fragten ihre Frauen. »Habt ihr das Salz schon abgeerntet?« Die Männer steckten die Hände und Füße ins kalte Wasser und sagten: »Nein. Es hat keinen Zweck. Das Salz ist uns zu salzig!«

Ihr wißt natürlich längst, was da auf dem Felde gewachsen war und was so beißen konnte. Es waren Brennesseln! Ihr wißt es, und ich weiß es. Wir sind ja auch viel gescheiter, als die Schildbürger waren.

WER AM BESTEN REIMT,
WIRD BÜRGERMEISTER

Da Schilda zum Kaiserreich Utopia gehörte, ist es weiter kein Wunder, daß dem Kaiser von Utopia die Dummheit der Schildbürger bald zu Ohren kam. Da er sich aber in früheren Jahren oft bei ihnen Rats geholt hatte, hielt er das, was man neuerdings über ihre Streiche zu erzählen wußte, für Gerüchte und Gerede. Deshalb beschloß er, selber einmal nach Schilda zu reisen. Er schickte also einen Boten, kündigte seinen hohen Besuch an und ließ ausrichten, sie sollten ihm »halb geritten und halb gegangen« entgegenkommen, und wenn sich ihre Antwort auf seine Begrüßungsworte reime, so werde er Schilda zur freien Reichsstadt ernennen und den Einwohnern die Umsatzsteuer erlassen.

Die Aufregung in Schilda war natürlich groß. Und im Rathaus ging es hoch her. Denn wer von ihnen sollte denn dem Kaiser, wenn er käme, antworten? Noch dazu in gereimter

Form? »Das ist doch sonnenklar!« rief der Schuster. »Unser Bürgermeister muß das tun.«

»Du hast gut reden«, erwiderte der Bäcker. »Wir haben doch gar keinen Bürgermeister!« Verdutzt sahen sie einander an. Tatsächlich! Sie hatten vergessen, einen Bürgermeister zu wählen! Nun, sie beschlossen einstimmig, gleich am nächsten Tag das Versäumte nachzuholen. »Und wen wollen wir wählen?« fragte der Schweinehirt neugierig. Da meinte der Ochsenwirt: »Den, der bis morgen das beste Gedicht macht!« Der Vorschlag gefiel ihnen über alle Maßen. Und sie gingen schleunigst heim, um etwas Hübsches zu dichten. Denn jeder von ihnen wäre selbstverständlich gerne Bürgermeister geworden.

In der folgenden Nacht schliefen sie alle miserabel. Jeder lag in seinem Bett und versuchte, irgend etwas zu dichten. Reimen sollte sich's auch noch! Der Schweinehirt dichtete so angestrengt, daß seine Frau davon aufwachte. Sie zündete eine Kerze an und fragte, was mit ihm los sei. Da verriet er ihr seinen Kummer. »Ich finde keinen Reim«, klagte er, »und möchte doch Bürgermeister werden!«

»Würde ich dann Bürgermeisterin?« erkundigte sie sich. Und als er nickte, begann sie auf der Stelle eifrig nachzudenken. Schon eine Viertelstunde später hatte sie ein vierzeiliges Gedicht für ihn fix und fertig und sagte es ihm auf. Es lautete:

»*Katrine heißt die Gattin mein,*
möcht gerne Bürgermeist'rin sein,
ist schöner als mein schönstes Schwein
und trinkt am liebsten Moselwein.«

Sie sprach ihm das Gedicht neunundneunzigmal vor, und er mußte es neunundneunzigmal nachsprechen. Da klingelte der Wecker, und der Schweinehirt mußte ins Rathaus.

Die meisten Gedichte, die man zu hören kriegte, waren nicht viel wert. Der Schuster deklamierte zum Beispiel:

»Ich bin ein Bürger und kein Bauer
und mache mir das Leben bitter.«

»Das kann ich besser!« rief der Hufschmied und dichtete:

»Ich bin ein Bürger und kein Ritter
und mache mir das Leben sauer.«

Doch auch seine Verse fanden keinen rechten Anklang.

So ging das eine ganze Weile hin, bis dann der Schweinehirt aufgerufen wurde. Er holte tief Luft und sagte mit lauter Stimme:

»Meine Frau, die heißt Katrine,
wär gerne Bürgermeisterin,
ist schwerer als das schwerste Schwein
und trinkt am liebsten Bayrisch Bier.«

Daß er damit den Vogel abschoß, wird niemanden von euch wundern. Der Schweinehirt wurde also unter Beifallsrufen zum Bürgermeister von Schilda gewählt. Und er und seine Frau waren aufeinander sehr stolz.

DER KAISER BESUCHT
DIE SCHILDBÜRGER

Als ihnen der Kaiser durch seinen Boten hatte ausrichten lassen, die Schildbürger sollten ihm »halb geritten und halb gegangen« entgegenkommen, hatte er gemeint, wer kein Pferd habe, könne getrost zu Fuß gehen. Aber die Schildbürger zerbrachen sich die Köpfe. Erst dachten sie, sie sollten einen Fuß im Steigbügel und den anderen am Boden haben. Dann hatte der neue Bürgermeister einen noch besseren Einfall. »Wenn wir hölzerne Steckenpferde ritten«, sagte er, »wären wir halb zu Pferd und halb zu Fuß!« Das war ein Gedanke recht nach ihrem Herzen. Sie ließen sich beim Schreiner Steckenpferde schnitzen, weiße, braune, schwarze und fuchsrote, und als der Kaiser in seiner Galakutsche angemeldet worden war, sprengte ihm ganz Schilda auf Holzpferdchen entgegen. Der Anblick freute den Kaiser außerordentlich.

Deswegen war er später dem Bürgermeister

auch nicht sonderlich böse, als dieser auf die kaiserlichen Grußworte keinen Reim wußte. Und die Umsatzsteuer erließ er ihnen trotzdem. Das freute nun wieder die Schildbürger. Und so wurde des Kaisers Aufenthalt zu einem rechten Fest. Er lachte in einem fort, und weil sein Leibarzt sagte, Lachen sei gesund, blieb er sogar einen Tag länger.

Zum Abschied schenkten sie ihm einen großen Topf mit hausgemachtem Senf. Es war nur schade, daß der Bürgermeister den Topf beim Überreichen fallen ließ. Er bückte sich, griff eine Handvoll Senf und wollte den Kaiser wenigstens kosten lassen. Aber der hohe Besuch dankte bestens und meinte, er habe gerade keinen Appetit. Statt dessen überreichte er dem Bürgermeister einen mit Wappen und Siegel geschmückten Freibrief, worin den Schildbürgern völlige Narrenfreiheit zugesichert wurde. So dumm sie sich auch benahmen, hieß es in dem

Schreiben, sei es doch bei Strafe verboten, sie zu höhnen, auszulachen und auszupfeifen. Wer es trotzdem tue, müsse eine Narrenmütze mit drei Schellen tragen und den Schildbürger, den er gekränkt habe, im Gasthaus zu einem Essen mit drei Gängen einladen.

Die Schildbürger schrien »Hurra!« und sprengten neben dem Galawagen her, bis ihre Holzpferde müde wurden. Der Kaiser reichte dem Bürgermeister zum Schluß gnädig die Hand aus dem Wagenfenster. Der Bürgermeister schüttelte sie herzlich. Leider nahm er dazu die Hand, die er in den Senf getunkt hatte. Er merkte es aber gar nicht. Nur der Kaiser, der merkte es.

DIE KUH AUF
DER ALTEN MAUER

Kaum daß der Kaiser abgereist war, wendeten sich die Schildbürger wieder mit neuem Mut und Eifer ihren Berufen zu. Der Schmied beschlug die Pferde. Der Schulmeister brachte den Kindern das Einmaleins mit der Sieben bei. Der Schuster besohlte die Schuhe. Der Bäcker buk das Brot. Und der Herr Bürgermeister spazierte durch Schilda, um nachzusehen, ob in der Stadt auch alles in bester Ordnung sei. Dabei mußte er feststellen, daß auf der Mauer eines Hauses, das vor Jahren altersmüde eingestürzt war, schönes grünes Gras und würzige Kräuter wuchsen.

Diesen Übelstand brachte er während der nächsten Sitzung im Rathaus zur Sprache und erklärte, es sei eine Sünde und Schande, daß Gras und Kräuter auf der Mauer nutzlos wüchsen, blühten und verkämen. Der Ochsenwirt schlug vor, die Mauer abzumähen, und wer die Mahd einbringe, der dürfe sie verfüttern. Es meldete

sich aber niemand. Denn alle miteinander fanden den Vorschlag zu gefährlich. Die Mauer war hoch und brüchig. Und keiner wollte mit der Sense oder der Sichel hinaufklettern und sich dabei womöglich den Hals brechen. Schließlich und nach langen Debatten fand der Schreiner einen Ausweg. Er sagte: »Wenn schon das Vieh die Mauer kahlfressen soll, dann, finde ich, soll es auch selber hinaufklettern.«

Dieser plausible Antrag wurde einstimmig an-

genommen. Außerdem wurde man sich einig,
daß der Kuh des Bürgermeisters die Ehre ge-
bühre. Denn der Bürgermeister habe ja das
Gras und die Kräuter droben auf der Mauer
entdeckt.

Am nächsten Morgen wurde also die bürger-
meisterliche Kuh feierlich zur Mauer geleitet.
Der Bürgermeister band das Halfter los und
sagte: »So, Minna! Nun klettre hinauf und
friß!« Aber die Kuh Minna dachte nicht im
Traum daran, hinaufzuklettern! Man schob
sie, sechs Mann hoch, dicht an die Mauer. Der
Bürgermeister schlug ihr eins hintendrauf.

(Nicht der Mauer, sondern der Kuh.) Es half alles nichts. Minna wollte nicht.

Da holten sie einen langen Strick, banden ihn der störrischen Kuh um den Hals, warfen das Ende des Stricks über die Mauer und zogen und zerrten und hingen am Seil wie die Küster an der Kirchenglocke. Dem armen Tier quoll, wie es so in der Luft baumelte, die Zunge aus dem Maul. »Seht ihr?« rief der Schneider. »Sie kriegt schon Appetit!« Und die anderen brüllten munter: »Hau ruck! Hau ruck! Hau ruck!« Minnas Atemnot wurde immer ärger. Ihre Zunge wurde immer länger. »Gleich wird sie fressen!« meinte der Schmied.

Aber sie fraß nicht. Sie verdrehte die großen dunklen Augen, zappelte noch einmal mit den Haxen, und aus war's. Man lockerte den Strick, ließ Minna wieder zur Erde herunter und konnte nur noch feststellen, daß sie tot war. Es war ein rechter Jammer. Doch die Schildbürger,

dumm wie sie seit einiger Zeit waren, hielten nicht viel vom Jammern. Sie schlachteten Minna, die Kuh, und veranstalteten beim Ochsenwirt ein Festgelage. Mit Kuhfleisch. Auf der Speisekarte stand »Kalbsschnitzel«. Minna, die Kuh, als Kalbsschnitzel beim Ochsenwirt — man kann verstehen, daß es dem Bürgermeister nicht schmeckte. »Liebe Freunde«, sagte er zerknirscht, »an Minnas vorzeitigem Ableben ist einzig und allein unser Scharfsinn und Verstand schuld. Hätte ich das Gras auf der Mauer nicht bemerkt und daraus gefolgert, daß es nutzbringend verwendet werden müsse, wäre das brave Tier noch munter und guter Dinge. Ich fürchte, wir sind noch immer nicht dumm genug.« Die anderen nickten nachdenklich.

Und das Gras und die Kräuter auf der alten Mauer wiegten sich nach wie vor im Sommerwind.

DIE VERSUNKENE
GLOCKE

Mittlerweile war der Krieg, an Salzburg und Salzwedel vorbei, durchs Land gezogen und schien sich in bedenklicher Weise dem Städtchen Schilda zu nähern. Das erfüllte die Schildbürger und ihre Ratsherren mit großer Sorge. Denn ob nun die jeweiligen Sieger oder die arg Besiegten in eine Stadt kamen, es war immer dasselbe: Die Soldaten gingen in die Häuser und nahmen sich, zur Erinnerung an die große Zeit, mit, was sie fanden, ob das nun silberne Patenlöffel, Konfirmationsuhren, Tischdecken, Porzellanteller, Samtwesten oder Trauringe waren. Ihnen war alles recht. So versteckten die Schildbürger geschwind, was ihnen teuer und wert war. Nur mit der Kirchenglocke wußten sie nichts anzufangen. Sie war aus bester Bronze und ziemlich groß. Und man kannte damals schon die Vorliebe der Kriegsleute für Kirchenglocken. Entweder holte die eigene Partei das tönende Erz aus den Glocken-

stühlen, um Hellebarden und Spieße draus zu fertigen, oder die Feinde nahmen die Glocken als Andenken mit. So oder so, es war kaum zu vermeiden.

Nun lag aber ganz in der Nähe von Schilda ein stiller, tiefer See. Und der Bürgermeister sagte: »Ich hab's. Wir versenken die Glocke im See, und wenn der Krieg vorbei ist, holen wir sie wieder heraus.« Gesagt, getan. Sie holten die Glocke aus dem Kirchturm, hoben sie auf einen Wagen, spannten sechs Pferde davor, fuhren zum See hinaus, trugen sie schwitzend in ein Boot und ruderten ein Stückchen. Dann rollten sie die Glocke bis zum Bootsrand und warfen sie ins Wasser. Schon war sie verschwunden, denn sie wog zwanzig Zentner. Man sah nur noch ein paar Luftblasen aufsteigen. Das war alles.

Anschließend zog der Schmied sein Taschenmesser aus der Joppe und schnitt in den Boots-

rand eine tiefe Kerbe. »Warum tust du das?«
fragte ihn der Bäcker. »Damit wir nach dem
Krieg wissen, wo wir die Glocke ins Wasser
geworfen haben«, antwortete der Schmied.
»Sonst fänden wir sie am Ende nicht wieder.«
Sie bewunderten seine Vorsorge, lobten ihn, bis
er rot wurde, und ruderten ans Land zurück.
Nun, der Krieg machte zum Glück einen großen Bogen um Schilda. Man sah nur am Hori-
zont den Staub, den Heer und Troß aufwirbel-
ten. Niemand drang in die Häuser. Die Löffel,
Uhren, Teller und Ringe wurden wieder aus
den Verstecken hervorgeholt. Und man fuhr
mit dem Boot auf den See hinaus, um jetzt auch
die Glocke zu heben. »Hier muß sie liegen!«
rief der Schmied und zeigte auf seine Kerbe am
Bootsrand. »Nein, hier!« rief der Bäcker, während sie weiterruderten. »Nein, hier!« rief der
Bürgermeister. »Nein, hier!« rief der Schuster.
Wohin sie auch ruderten, überall hätte die

Glocke liegen müssen. Denn die Kerbe am Boot war ja überall dort, wo gerade das Boot war. Mit der Zeit merkten sie, daß der Einfall des Schmieds gar nicht so gut gewesen war, wie sie seinerzeit geglaubt hatten.

Sie fanden also ihre Glocke nicht wieder, so sehr sie auch suchten, und mußten sich notgedrungen für teures Geld eine neue gießen lassen. Der Bäcker aber schlich sich eines Nachts heimlich zu dem Boot und schnitt wütend die Kerbe heraus. Dadurch wurde sie freilich nur noch größer als vorher. Mit Kerben ist das so.

EIN KREBS KOMMT
VOR GERICHT

Eines Tages geriet ein Krebs nach Schilda. Niemand hätte sagen können, woher er kam, und keiner wußte, was er bei den Schildbürgern wollte. Und da sie noch nie in ihrem Leben einen Krebs gesehen hatten, bemächtigte sich ihrer eine beträchtliche Aufregung. Sie läuteten mit der neuen Kirchenglocke Sturm, stürzten zu der Stelle, wo der Krebs umherkroch, und wußten nicht, was tun. Sie rieten und rätselten hin und her und hätten gar zu gern gewußt, wen sie vor sich hatten. »Vielleicht ist es ein Schneider«, sagte der Bürgermeister, »denn wozu hätte er sonst zwei Scheren?« Schon holte einer ein Stück Tuch, setzte den Krebs darauf und rief: »Wenn du ein Schneider bist, dann schneide mir eine Jacke zu! Mit weiten Ärmeln und einem Halskoller!« Weil das Tier zwar auf dem Tuch vorwärts und rückwärts einherspazierte, aber den Stoff nicht zuschnitt, nahm der Schneidermeister von Schilda

seine eigne große Schere und schnitt das Tuch
genau so zu, wie der Krebs dahinkroch. Nach
zehn Minuten schon war der Stoff völlig zer-
schnitten. Von einer Jacke mit weiten Ärmeln
und einem Halskoller konnte keine Rede sein.

»Mein schönes, teures Tuch!« rief der Schildbürger. »Der Kerl hat uns angeführt! Er ist gar
kein Schneider! Ich verklage ihn wegen Sachbe-

schädigung!« Dann griff er nach dem Krebs
und wollte ihn beiseite tun. Doch der Krebs
zwickte und kniff ihn mit seinen Scheren so
kräftig, daß der Mann vor Schmerz aufbrüllte.
»Mörder!« schrie er. »Mörder! Hilfe!« Nun
wurde es dem Bürgermeister zu bunt. »Erst ru-
iniert er das teure Tuch«, sagte er, »und nun
trachtet er einem unserer Mitbürger nach dem
Leben – das kann ich als Stadtoberhaupt nicht
dulden! Morgen machen wir ihm den Prozeß!«
So geschah es auch. Der Krebs wurde in einer

förmlichen Sitzung vom Richter der mutwilligen Sachbeschädigung und des versuchten Mordes angeklagt. Augenzeugen berichteten unter Eid, was sich am Vortage zugetragen hatte. Der amtlich bestellte Verteidiger konnte kein entlastendes Material beibringen. So zog sich der hohe Gerichtshof zur Urteilsfindung kurz zurück und verkündete anschließend folgenden harten, aber gerechten Spruch: »Der Delinquent gilt in beiden Punkten der Anklage als überführt. Mildernde Umstände kommen um so weniger in Betracht, als der Angeklagte nicht ortsansässig ist und die ihm gewährte Gastfreundschaft übel vergolten hat. Er wird zum Tod verurteilt. Der Gerichtsdiener wird ihn ersäufen. Das Urteil gilt unwiderruflich. Die Kosten des Verfahrens trägt die städtische Sparkasse.«

Noch am Nachmittag trug der Gerichtsdiener den Krebs in einem Korb zum See hinaus und

warf ihn in weitem Bogen ins Wasser. Ganz Schilda nahm an der Exekution teil. »Es hilft nichts«, sagte der Bürgermeister. »Strafe muß sein.« Der Pastor war übrigens nicht mitgekommen. Weil er nicht wußte, ob der Krebs katholisch oder evangelisch war.

DAS HERZ AUF DEM RECHTEN FLECK

Der Krieg hatte zwar um Schilda einen Bogen gemacht. Aber der Kaiser brauchte trotzdem Soldaten. So sandte er überallhin Boten, man sollte ihm waffenkundige und tapfere Leute schicken. Die Schildbürger taten ihre Pflicht und schickten ihm ein Dutzend wackre Männer. Sie kämpften unerschrocken in vielen Schlachten und Gefechten. In der Chronik von Schilda kann man darüber nachlesen. Dort erfährt man auch, daß von dem Dutzend, das in den Krieg zog, viele umkamen und insgesamt nur zwölf nach Hause zurückkehrten.

Einer der Zwölf, Kilian mit Namen, besaß vom Großvater her ein hartgeschmiedetes Eisenstück. Das ließ er sich, bevor er zu Felde zog, vom Schneider an die Stelle nähen, worunter sein Herz säße. Und hätte er das nicht tun lassen, wär es ihm später schlimm ergangen. Denn als er einmal ein feindliches Huhn verfolgte, liefen Bauern mit Spießen, Stangen und Dresch-

flegeln hinter Kilian drein. Er rannte nicht etwa, wie man ihm nachgesagt hat, vor den Bauern davon. Dafür war er viel zu sehr mit der Hühnerjagd beschäftigt. Weil er fand, es sei nobler, ein feindliches Huhn als den Feind selber umzubringen. Und Hunger hatte er außerdem.

90

Jedenfalls, als er über einen Zaun sprang, blieb er zappelnd an einer Latte hängen. Die Bauern holten ihn ein und schlugen so lange auf seinen Hosenboden los, bis Kilian dadurch von der Zaunslatte freikam und, hinkend und jammernd und ohne Huhn, bei seiner Kompanie eintraf. »Mein Herz«, rief er, »mein Herz!« und hielt sich die Hose.

Der Sanitätsfeldwebel, der den Verletzten untersuchte, fand dabei den Eisenfleck, den der

Schneider nicht ins Wams, sondern eben in den Hosenboden genäht hatte. »Das Eisen hat dich vor Schlimmerem bewahrt«, meinte der Feldwebel, »aber warum hat es dir euer Schneider an die falsche Stelle geflickt?« Da antwortete Kilian stolz: »Weil der Schneider von Schilda weiß, wo bei uns Schildbürgern das Herz sitzt!«

ERZIEHUNG
IN EINEM TAG
ODER GAR NICHT

Ein Schildbürger fuhr mit seinem Sohn in die Kreisstadt zum Schulmeister und sagte: »Man rühmt deinen Unterricht. Deshalb möchte ich meinen Jungen ein wenig bei dir lassen.«

»Was weiß er denn schon?« fragte der Lehrer und hörte dabei nicht auf, einen Schüler zu verprügeln. »Er weiß nichts«, antwortete der Schildbürger. »Und wie alt ist er?« fragte der Lehrer weiter. »Erst dreißig Jahre«, meinte der Schildbürger entschuldigend, »was kann er da schon gelernt haben! Ich selber bin fünfundsechzig Jahre alt und weiß nicht das geringste!« »Also meinetwegen«, erklärte der Schulmeister. »Laß ihn hier! Doch wenn er nicht pariert und lernt, kriegt er, trotz seiner dreißig Jahre, von mir genau soviel Prügel, als ob er zwölf wäre!« Das war dem Schildbürger recht. Er versprach auch, die Erziehung gut zu bezahlen. Dann gab er seinem Jungen zum Abschied eine Ohrfeige und wollte gehen.

»Einen Moment!« rief der Lehrer. »Wie lange soll er denn in meiner Schule bleiben, und wann holst du ihn wieder ab?« »Bald«, sagte der Schildbürger. »Denn viel braucht er nicht zu lernen. Es genügt, wenn er soviel weiß wie du!« Das verdroß den Lehrer ein wenig, und er wollte ganz genau wissen, wann der Junge abgeholt würde. »Ganz genau kann ich's dir nicht sagen«, meinte der Schildbürger. »Es hängt davon ab, wie lange euer Schmied braucht, meinem Pferd ein Hufeisen festzuschlagen. Es hat auf der Herfahrt sehr geklappert. Sobald das Eisen fest ist, hol ich ihn wieder ab.« »Du bist wohl nicht bei Trost!« rief der Schulmeister. »Und wenn ich deinen Bengel prügelte, bis mir der Arm weh täte, auch dann müßte ich ihn mindestens ein Jahr hierbehalten, damit er etwas lernt!« Da nahm der Schildbürger seinen dreißigjährigen Sohn wieder bei der Hand und suchte das Weite. In der Tür sagte er nur noch:

»Daß Lernen weh tut und Geld kostet, mag hingehen. Doch ein Jahr Zeit ist mir dafür zu schade. Dann soll er lieber so dumm bleiben wie sein Vater.«

DIE FOLGEN DER DUMMHEIT FÜR SCHILDA UND DIE ÜBRIGE WELT

Daß man in Schilda keine Krebse kannte, wißt ihr schon. Daß man auch noch nie eine Katze gesehen hatte, ist wohl noch viel erstaunlicher. Um so besser wußte man mit Mäusen Bescheid. Sie waren in allen Kellern, Speichern und Küchen, in den Räucherkammern, beim Bäcker und nicht zuletzt beim Ochsenwirt. Bei diesem kehrte eines Tags ein Wandrer ein, der eine Katze bei sich hatte. Da die Schildaer Mäuse nicht wußten, was eine Katze ist, waren sie sehr zutraulich, und in einer halben Stunde hatte die fremde Katze zwei Dutzend Mäuse erlegt. Die anderen Gäste und der Wirt wollten nun wissen, wie das Tier heiße und wieviel es koste. »Maushund heißt es«, sagte der Wandersmann, »und weil Maushunde sehr selten sind, kostet mein Prachtexemplar hundert Gulden.« Sie liefen zum Bürgermeister, erzählten ihm von dem Maushund und baten, er möge ihn für die Stadt anschaffen.

So geschah es. Als der Wanderer die hundert Gulden bekommen hatte, machte er sich aus dem Staube, falls die Schildbürger der Kauf reuen sollte. Kaum war er aus dem Stadttor hinaus, kam ihm auch schon jemand nachgelaufen und wollte wissen, womit man den Maushund füttern müsse. Der Wandrer rannte, was das Zeug hielt, und rief hastig: »Nur Speck frißt er nie!« Da schlug der Schildbürger die Hände überm Kopfe zusammen und lief verzweifelt in die Stadt zurück. Er hatte nämlich in der Eile statt »Nur Speck frißt er nie« verstanden »Nur Menschen und Vieh!« Das Entsetzen war groß. »Wenn wir keine Mäuse mehr haben werden, wird er unser Vieh und uns selber fressen!« riefen sie außer sich. »Wo hat er sich versteckt?« »Im Rathaus auf dem Speicher!« So umzingelten sie das Rathaus und schickten ein paar beherzte Männer hinein. Doch die Katze ließ sich nicht greifen. Sie

kamen unverrichtetersache zurück. »Dann müssen wir den Maushund ausräuchern«, rief der Bürgermeister. »Denn um wen wär's mehr schade? Ums Rathaus oder um uns?« Da schrien alle: »Um uns!« und steckten das Rathaus in Brand.

Als es der Katze zu heiß wurde, kletterte sie aufs Rathausdach. Und als die Flammen die Dachbalken ergriffen, sprang sie mit einem Riesensatz aufs Nachbardach und putzte sich mit der Pfote den angesengten Schnurrbart. »Schaut den Maushund an!« rief der Schmied. »Er droht uns!« Und der Bäcker murmelte zitternd:

»Wir schmecken ihm schon.« Da zündeten sie
das Nachbarhaus an. Und weil die Katze von
Dach zu Dach sprang und die Schildbürger in
ihrer Todesangst Haus um Haus anzündeten,
brannte um Mitternacht die ganze Stadt. Am
nächsten Morgen lag Schilda in Asche. Alles
war verbrannt. Nur die Katze nicht. Sie war vor

Schreck in die Wiesen gelaufen und verschwunden. Nun saßen die Schildbürger auf den Trümmern ihrer Stadt und ihrer Habe, waren froh, nicht gefressen worden zu sein, und beschlossen schweren Herzens, in alle Himmelsrichtungen auszuwandern.

Das taten sie auch sehr bald. Und so kommt es, daß es heutzutage die Stadt Schilda nicht mehr gibt und die Schildbürger auch nicht. Das heißt: Es gibt sie natürlich noch. Nur ihre Enkel und Urenkel und deren Enkel und Urenkel leben über die ganze Erde verstreut. Sie wissen gar nicht mehr, daß sie von den Schildbürgern abstammen. Von Leuten also, die sich, um glücklich zu werden, dumm stellten und dadurch ins Unglück gerieten, daß sie dumm wurden. Und sie können es auch gar nicht wissen. Denn heutzutage gelangen die Dummen zu Ruhm und Rang, zu Geld und Glück genauso wie die Gescheiten. Woran sollten also die

Dummen auf unserer Erde merken, daß sie dumm sind?

Ein einziges Merkmal gibt es, woran man die Dummen erkennt: Mit dem, was sie erreicht haben, sind sie selten, aber mit sich selber sind sie stets zufrieden. Gebt also gut Obacht! Bei den anderen, und bei wem noch?

Ganz recht, bei euch!

NACHWORT

Erich Kästner, ein Jahr älter als unser Jahrhundert, war der erste wahre deutsche Dichter für Kinder: Er gestand ihnen das uneingeschränkte Recht auf Literatur zu. Kästner stammte aus Dresden, hatte dort das Lehrerseminar besucht und studierte nach dem Ersten Weltkrieg in Rostock, Leipzig und Berlin Philologie. Der junge Herr Doktor zog nach Berlin und begann als Theaterkritiker und freier Mitarbeiter für verschiedene Zeitschriften und Feuilletons zu schreiben, unter anderem für die »Weltbühne«. 1927 fragte ihn die Witwe seines Verlegers, Edith Jacobsohn, ob er nicht Lust habe, für sie einen Kinderroman zu schreiben.
Kästner hatte Lust, und 1928 erschien »Emil und die Detektive« und wurde ein unbeschreiblicher Erfolg. Kästner, der Lehrer, der sich einen Moralisten nannte, schrieb für Kinder, »ohne in die Kniebeuge zu gehen, weil Kinder erwiesenermaßen klein sind«. Er nahm sie ernst. Er wollte nicht, daß sie solche Erwachsene würden wie die, die er um sich sah: verlogen und verbogen. Deshalb malte er ihnen keine Welt in Rosa, in der allen Tugendhaften die Belohnung sicher ist. Er zeigte ihnen das Leben in der Großstadt mit allen Ungerechtigkeiten. Er traute ihnen zu, diesen Anblick zu ertragen. Er appellierte an die Kinder, sich nicht ducken zu lassen. Er forderte von ihnen Wahrhaftigkeit und mit Schicksalsschlägen und mit den verbiesterten Erwachsenen tapfer und aufrecht fertig zu werden. Und gleich im »Emil« machte er ihnen vor, was Freundschaft und Solidarität be-

deuten. Ja, er war ein Moralist und hob den Zeigefinger und sagte den Kindern klipp und klar, was die Moral von der Geschicht war. Aber die Kinder verstanden und liebten ihn sofort.

In den zwanziger Jahren hatten sie auch noch nicht viel anderes zu lesen, und erst mit Kästner begann die deutsche Kinderliteratur gleichzeitig unterhaltsam zu werden und in der sozialen Wirklichkeit zu spielen, in der ihre Leser lebten.

So wurde Kästner von allen gelesen, auch von den Jungen, die später in der HJ- und SA-Uniform steckten. Als Erich Kästner 1934 zum ersten Verhör in die gefürchtete Prinz-Albrecht-Straße, das Hauptquartier der Gestapo, bestellt wurde, begrüßten ihn dort die SS-Leute mit dem Ruf: »Ach, da kommen ja Emil und die Detektive!«

Das wird halb Hohn, halb aber auch widerwillige Bewunderung und unauslöschliche Zuneigung gewesen sein. Denn wenn Kästners Bücher auch schon 1933 verbrannt worden waren, so zeigt gerade dieser Ausruf, daß man den Geist der Dichtung, die Erinnerung an Gestalten wie Emil oder Pünktchen und Anton niemals verbrennen kann.

Darauf hatte Erich Kästner auch vertraut. Er erhielt in den Jahren des Nationalsozialismus Schreibverbot, aber nach dem Kriegsende begann er, der Satiriker und bitterböse Zeitdichter, mit ungebrochenem Optimismus erneut für Kinder zu schreiben. Er wußte, daß er keinen in der Wolle gefärbten Nazi wirklich ändern konnte. Deshalb richtete er seine ganze Kraft und Phantasie auf die Kinder und ihre Literatur. Er gehörte zu den Gründern des Internationalen

Kuratoriums für das Jugendbuch, denn er sah in den Büchern die einzigen zuverlässigen Brücken der Verständigung zwischen den Nationen. Seine Bücher gehörten zu den besten: Sie wurden in fast alle Sprachen übersetzt, und so lernten zum Beispiel amerikanische Kinder mit »Emil« Deutsch.

Kästner hat nicht nur seine eigenen Schallplatten besprochen, sondern auch bei den Filmen nach seinen Kinderromanen die Drehbücher oder die Dialoge geschrieben. Er war ein Profi, und er wollte nur die beste Ware für die Kinder liefern.

Die letzten Kinderromane schrieb er 1963 und 1967 für seinen Sohn Thomas: »Der kleine Mann« und »Der kleine Mann und die kleine Miss«. 1974 starb er in München, wo er seit 1946 gelebt hatte.

1954 ist die Erzählung von den Schildbürgern erschienen, und das ist in der Tat ein ganz eigenes Stück Kästner-Literatur geworden, nicht nach-, sondern neu erzählt.

Denn Kästner rettet die Ehre der seit Ewigkeiten als dumm, erzdumm, strohdumm verspotteten Schildbürger. Er läßt sie in Wirklichkeit so gescheit sein, daß alle Könige und Kaiser ihren Rat und sie selber zu sich holen – und in Schilda bleibt die Arbeit liegen, strecken die Kinder den Erwachsenen die Zunge heraus und streiken die Frauen. So müssen die Klugen aus Weisheit die Dummen spielen, und schon haben sie wieder ihre Ruhe, die Welt ist in Ordnung, und wer über die Streiche der Schildbürger lacht, muß sich eigentlich selber an die Nase fassen!

Dr. Sybil Gräfin Schönfeldt